Le Talisman de Vannina

Loi n° 49956 du 16 juillet 1949
sur les publications destinées à la jeunesse.

Le texte et les illustrations ont été publiés
pour la première fois en 1990 par les Éditions Bayard.

Mise en page : Yves Le Ray

Bertrand Solet

Le Talisman de Vannina

Illustrations de
Claude Lapointe

Ribambelle

Hatier

La vieille femme

Il était une fois, dans la belle île de Corse, une fille appelée Vannina. Elle habitait une cabane de berger, avec ses parents et son petit frère Orso.
Un matin, Vannina s'en allait chercher un fagot de bois dans la forêt. Orso la suivait en sifflotant comme les merles perchés sur les buissons tout autour.
– Tu m'aideras, n'est-ce-pas ? demanda Vannina.
– Je t'aiderai ! promit Orso.

Vannina se mit à rire. Elle reprochait parfois à son frère d'être un peu paresseux, gourmand et maladroit, pourtant elle l'aimait bien.
Dès qu'ils furent arrivés dans la forêt, le frère et la sœur se mirent à l'ouvrage.
Vannina travaillait de tout son cœur. Elle allait et venait, cassait des branches, ramassait du bois mort, le rangeait en tas.

Orso faisait la même chose, mais en prenant son temps. Au bout d'un moment, il commença à se plaindre, à pousser de gros soupirs :
– J'ai une épine dans le doigt ! J'ai mal au dos ! La tête me tourne quand je me penche…
Vannina finit par se fâcher :
– J'aurais mieux fait d'emmener Pascalu pour m'aider !
Pascalu, c'était le mulet de leur père.
Orso, vexé, travailla un peu plus vite.

Ils avaient à peu près terminé leur fagot lorsque, tout à coup, ils entendirent comme un gémissement, plus loin derrière un chêne vert. Orso prit peur :
– Sauvons-nous ! murmura-t-il.
– Mais non ! dit Vannina. Quelqu'un appelle au secours, je crois. Allons voir !

Malgré sa frayeur,
Orso la suivit.
Ils avancèrent avec
prudence. Au pied de
l’arbre, ils virent une
vieille femme.
Elle était allongée sur le sol.
Ses vêtements étaient noirs,
son visage ridé
semblait fatigué.

Vannina s’agenouilla près d’elle :
– Qu’avez-vous, grand-mère ?
La femme ne répondit pas.
– Vous avez faim, sans doute ?
Les yeux de la vieille brillèrent tout à coup…
– C’est ça, elle a faim ! Orso, va vite à la maison chercher ma part de soupe, dépêche-toi !
Orso hésita un instant, mais il avait bon cœur lui aussi. Il partit en courant.

Un bijou mystérieux

Quand Orso revint, la femme avala très vite le bol de soupe. Elle éplucha ensuite quelques châtaignes.

– Ça va mieux ? demanda Vannina.

– Oui… tu es bonne, ma petite.

La femme parlait avec un drôle d'accent, et les enfants pensèrent : « Elle n'est pas de chez nous. » Vannina l'aida à se relever puis elle l'accompagna un peu sur le chemin.

– Tu m'as sauvé la vie ! Je n'avais pas mangé depuis deux jours. Je vais au village où je connais quelqu'un…

Elle tremblait de froid. Vannina voulut à toute force lui donner sa veste en peau de chèvre.
– Prenez-la, grand-mère, vous en avez plus besoin que moi.
Orso pensa : « Hou ! là là ! que vont dire nos parents ? Ça coûte cher, une peau de chèvre… »

La vieille femme était émue, elle avait les larmes aux yeux. Au moment où ils allaient se séparer, elle prit la main de Vannina.

– Tiens ! dit-elle. À mon tour, je te donne quelque chose : c'est un talisman, garde-le toujours sur toi.
Vannina essaya de refuser, mais la femme lui glissa un objet dans la main et elle partit en s'appuyant sur son bâton, sans se retourner.

La silhouette sombre disparut bientôt derrière les arbres. Alors Vannina regarda dans le creux de sa main. Elle vit le cadeau que la femme lui avait donné et elle s'émerveilla :
- Oh !... Un bijou !
C'était un bracelet. Le talisman, accroché à une chaîne, brillait comme de l'or. Il avait la forme d'un croissant de lune. Des signes incompréhensibles étaient gravés dessus. Orso se pencha pour le voir de plus près.

Comme il était un peu jaloux, il dit en haussant les épaules :
– Peuh ! moi, j'aurais préféré un poignard, ou bien une gourde pour mettre de l'eau…
– Tu es bête !
– D'abord, c'est quoi un talisman ?
– C'est un porte-bonheur. Quand tu l'as sur toi, il te protège, et il ne peut rien t'arriver de mal.
– Ah ! ?
Orso ne semblait pas convaincu.
– Rentrons maintenant, dit Vannina.
– C'est toi qui portes le fagot. Moi, je suis fatigué.

Sur le chemin du retour, ils croisèrent un troupeau de chèvres. Vannina tira son frère par le bras :
– Écartons-nous pour le laisser passer !

On ne voyait pas le berger. Orso eut une idée.
– Attends ! Es-tu sûre qu'un talisman protège ?
– Oui.
– Prête-moi le tien, alors !
Vannina hésita, puis lui tendit le bijou. Orso le prit et courut vers le troupeau. Il se posta devant les bêtes en tendant les bras et en criant :
– On ne passe pas !

Quelques chèvres effrayées s'arrêtèrent. D'autres battirent en retraite. Mais l'une d'elles, plus hardie, continua d'avancer. D'un coup de tête, elle envoya Orso par terre. Le garçon se releva, tout piteux. Il dit à sa sœur :

– Ton talisman ne vaut rien !

Vannina riait de tout son cœur.

Alerte !

Le lendemain, la mère de Vannina et d'Orso dut s'absenter pour aller soigner une cousine malade. Les enfants restèrent seuls toute la journée.
Vannina fit le ménage dans la cabane, elle tressa un panier d'osier, elle ramassa des glands pour les cochons et de l'herbe pour Pascalu, le mulet.
Orso, lui, s'amusa à attraper des lézards.
Le soir, leur père rentra tard. C'était un homme robuste, coiffé d'un bonnet pointu de berger. Il semblait inquiet, mais les enfants n'osèrent pas lui demander pourquoi.

Il s'assit près du feu et Vannina servit la soupe. Ils mangèrent sans parler. À la fin, pourtant, le père posa la cuillère de bois et dit :
– Il faudra faire attention, cette nuit. Il paraît que les guetteurs ont vu des voiles sur la mer.
Orso devint tout pâle. Il demanda :
– Ce sont des Turcs ?
– Peut-être bien…

En ce temps-là, des pirates venaient jusqu'en Corse. On disait qu'ils étaient turcs car les turcs occupaient bien des pays autour de la Méditerranée. Les soldats débarquaient, volaient tout ce qui leur tombait sous la main. Ils emmenaient les gens de force, pour les vendre comme esclaves.
C'est pourquoi on avait bâti, tout autour de l'île, de grosses tours rondes en pierre. De là, les Corses guettaient, et ils allumaient des feux lorsqu'ils voyaient les bateaux pirates arriver. Les paysans et les bergers avaient alors le temps de se sauver dans la montagne.

– Bon, allez dormir maintenant, dit le père.
Les enfants obéirent. La nuit se passa tranquillement mais, à l'aube, le père les réveilla :
– Sauvez-vous vite dans la cachette ! Les Turcs arrivent ! Moi, je vais m'occuper des chèvres avec les autres bergers.
Et le père s'en alla aussitôt. Les enfants l'entendirent s'éloigner au galop avec Pascalu, le mulet.

– Suis-moi ! dit Vannina.

Orso obéit sans protester : ce n'était pas le moment !

Il prit une miche de pain noir, un restant de fromage blanc, du bruccio, et il sortit avec sa sœur de la cabane.

Du côté de la plage, en effet, un feu brûlait au sommet de la tour.

– Dépêchons-nous ! dit Orso.

Le sentier grimpait à travers les arbrisseaux touffus qui poussent dans le maquis. Vannina et Orso couraient de toutes leurs forces, et bientôt, ils arrivèrent dans la forêt.
Ils se glissèrent entre les chênes et les châtaigniers jusqu'à la cachette préparée depuis longtemps par leur père : une petite grotte, bien abritée, où personne ne pourrait jamais les trouver.

Vannina referma soigneusement l'ouverture avec un tas de branchages.
– Ouf ! dit Orso. Nous voilà sauvés !
Ils s'assirent l'un contre l'autre dans l'ombre de la grotte. Vannina regarda son poignet où brillait le talisman de la vieille femme.

Prisonniers !

Vannina et Orso restèrent longtemps cachés. Heureusement, ils avaient du pain et du fromage et, au fond de la grotte, ruisselait un filet d'eau pure venant de la montagne. Au-dehors, il n'y avait aucun bruit sauf le chant des oiseaux. Mais à un moment, ils entendirent comme un galop à travers les fourrés.

– C'est un sanglier, dit Vannina.

Orso commença à s'impatienter :

– Tu ne crois pas qu'on peut sortir ?

Sa sœur secoua la tête avec fermeté :
– Pas question ! Tu ne bougeras pas d'ici avant que papa vienne nous chercher lui-même.
– Il est occupé avec les chèvres, alors il n'est pas près de venir !
– Tu ne bougeras pas d'ici, répéta Vannina d'un ton sec.
D'autres heures passèrent… Et voilà que Vannina, fatiguée par toutes ces émotions, s'endormit.
Orso ne put résister : « Je vais voir là-haut ce qui se passe. »
Doucement, pour ne pas réveiller sa sœur, il se glissa dehors. Arrivé à l'air libre, il respira un bon coup. Tout semblait tranquille. Un grand lièvre roux fila en apercevant le garçon qui se mit à rire. Le soleil brillait.

« On est mieux ici que dans notre trou ! Je vais dire à Vannina qu'elle peut sortir, elle aussi. »
Soudain, Orso eut une drôle d'impression. Comme si quelqu'un le regardait. Il leva les yeux et poussa un hurlement terrible.

Devant lui, se tenaient deux soldats turcs coiffés de turbans. Ils portaient de grosses moustaches et brandissaient de grands sabres recourbés.

Le cri d'Orso réveilla Vannina en sursaut. Sans réfléchir, elle sortit de la cachette à son tour.

Les soldats avancèrent vers les enfants. Ils avaient un sourire cruel. Orso saisit alors un bâton qui traînait par terre et il se précipita sur les Turcs en criant :

– Arrière ! ne touchez pas à ma sœur !

Hélas ! un des soldats bondit et lui arracha le bâton des mains. L'autre saisit Vannina. En un instant, les deux enfants furent immobilisés. Ils étaient pris !

Les soldats les poussèrent sur le sentier qui menait au rivage.

– Ne pleure pas, Vannina, disait Orso en reniflant.

Bientôt, ils aperçurent la mer et le gros bateau turc qui allait les emporter au loin.

Esclaves du sultan

Sur le rivage, il y avait d'autres prisonniers, des villageois, des bergers… Mais Vannina et Orso ne virent ni leur père ni leur mère. Les soldats les firent monter sur une barque. La barque glissa vers le grand bateau turc. Là, les enfants furent hissés jusqu'au pont. Ensuite, on les poussa vers la cale, un trou sombre, humide, malpropre, malodorant. La cale était pleine de gens qui gémissaient, pleuraient, appelaient à l'aide.

Vannina et Orso se mirent dans un coin, serrés l'un contre l'autre. Ils étaient désespérés. Longtemps encore, les soldats amenèrent des prisonniers. Puis, les marins turcs fermèrent l'entrée de la cale avec de lourds panneaux de bois. L'obscurité devint encore plus profonde.

Finalement, Vannina et Orso sentirent que le bateau bougeait. Il prenait le large. Autour d'eux, les gémissements se firent plus tristes.
– Courage ! disait Vannina.
– Courage ! répétait Orso.
Cela n'empêchait pas de grosses larmes de couler sur leurs joues.

La traversée dura plusieurs jours. Les prisonniers restaient sans bouger, abattus par leur malheur, se demandant ce qu'ils allaient devenir. De temps en temps, les marins apportaient à manger et à boire. Vannina et Orso pensaient à leurs parents, à leur cabane, et même à Pascalu, le mulet :

– Tu te rappelles, Vannina, comme il me jetait par terre chaque fois que je voulais monter sur son dos…

Quelquefois, la nuit, une femme se mettait à chanter une vieille berceuse corse. Ils connaissaient bien cette chanson : leur mère la chantait aussi.

Un matin, le bateau s'arrêta. Les marins ouvrirent la cale.

– Allez ! tout le monde en haut !…

Vannina et Orso suivirent la foule.

– Où sommes-nous ?

– On verra bien…

Sur le pont, le grand soleil les éblouit. Quand ils purent tenir leurs yeux ouverts, ils furent plus éblouis encore. Le bateau était arrivé dans un port et, devant eux, sur le rivage, se dressaient des hautes maisons, des palais aux coupoles dorées. Toute une ville enfin, comme ils n'en avaient jamais vu de leur vie !

Un officier turc cria :
– Prisonniers ! À partir de cet instant, vous êtes les esclaves du très puissant seigneur, le prince Moulaïd Pacha !
Le très puissant seigneur, le prince Moulaïd Pacha, se tenait assis sur un trône doré, entouré de sa cour. Les soldats faisaient défiler devant lui la foule des prisonniers corses.
Quand ce fut à Orso d'avancer, il lui arriva une chose toute bête : il glissa et s'étala par terre de tout son long.
Des soldats se précipitèrent et le forcèrent à se relever. Vannina s'élança, elle aussi, pour le protéger. La bousculade attira l'attention du prince.

Soudain, il se dressa, le visage bouleversé, et il ordonna :
– Amenez-moi cette petite fille !

Le prince Moulaïd Pacha

Les soldats poussèrent Vannina vers leur maître. Le prince saisit la main de la petite fille. Il ne quittait pas des yeux le bracelet d'or que Vannina portait au poignet. Il l'interrogea en turc d'une voix tremblante, et un officier traduisit :

– Le très puissant Moulaïd Pacha veut savoir où tu as pris ce bijou.

– Une femme me l'a donné..., répondit Vannina.

Elle raconta alors sa rencontre dans la forêt. Tandis qu'elle parlait, le prince semblait de plus en plus ému. Il dit quelque chose à l'officier et l'homme expliqua à Vannina :

– Le très puissant Moulaïd Pacha dit que ce bracelet appartenait à sa sœur bien-aimée, Aïcha. C'est sûrement elle que tu as rencontrée dans la forêt. Elle s'est sauvée, il y a très longtemps, pour ne pas épouser un seigneur qu'elle n'aimait pas… Petite fille, le très puissant Moulaïd Pacha te remercie de ta bonté pour sa sœur ! En récompense, il te rend la liberté, à toi et aux autres Corses de ton village. Jamais plus il n'enverra ses navires chez vous !

Vannina sourit, et Orso, émerveillé, ne put s'empêcher de dire :

– Il marche parfois ton talisman…

– Oui… mais j'aurais aimé qu'il soit assez fort pour libérer les autres esclaves.

Le jour même, Vannina, Orso et leurs compagnons furent embarqués sur un navire rapide, une felouque.
Le vent gonfla les voiles du bateau qui prit le large. Cette fois-ci, les enfants ne firent pas le voyage au fond de la cale, mais sur le pont, sous une tente de tissu précieux. On leur servit à manger les plats les plus délicats : des œufs d'esturgeon, des dattes fourrées à la pâte d'amandes…

Enfin, la Corse apparut à l'horizon, ses montagnes d'abord, puis son beau rivage. Lorsque Vannina monta dans une barque pour retourner à terre, un officier lui donna un petit sac pesant :

– De la part du très puissant seigneur prince Moulaïd Pacha !

Le sac contenait des pièces d'or !

Les parents de Vannina et d'Orso pleurèrent de joie en voyant revenir leurs enfants qu'ils croyaient perdus à jamais. Même Pascalu, le mulet, parut se réjouir de leur retour à la cabane.

Longtemps, lors des longues veillées d'hiver autour du feu, on raconta en Corse l'histoire de Vannina et d'Orso. Aujourd'hui encore, on montre dans leur village la grande maison qu'ils firent construire, pour leurs parents, avec l'or du prince. D'ailleurs, on appelle toujours cette maison, « la maison du Turc ».

L'auteur

Bertrand Solet est né en 1933 à Paris.
Il a trois fils et plein de petits-enfants.
Il a beaucoup de plaisir à raconter des histoires de tous les temps et de tous les pays.
C'est d'ailleurs en Corse qu'il a entendu l'histoire de *Vannina* et qu'il a décidé de l'écrire.
Il a publié de nombreux livres et obtenu plusieurs prix littéraires.

Bertrand Solet a entre autres écrit ces livres :

- *C'est moi Guignol,* ill. Vincent Wagner, Éd. du Bastergue, 2001.
- *Les inconnus de l'autocar,* Pocket Jeunesse, 2001.
- *Colas vole,* ill. Myriam Mollier, Flammarion Père Castor, 1997.

L'illustrateur

Claude Lapointe est né en 1938 à Rémilly (Moselle).
Il adore dessiner et est très connu en France et même à l'étranger.
Il a obtenu le Grand prix graphique de la Foire de Bologne.
En plus d'illustrer des livres, il forme de jeunes illustrateurs à l'École supérieure des arts décoratifs de Strasbourg.

Claude Lapointe a entre autres illustré ces livres :

- *Du commerce de la souris,* Alain Serres, Folio Cadet, 2002.
- *La sorcière et le commissaire,* Pierre Gripari, Grasset Jeunesse, 2001.
- *Treize contes sauvages pour Monsieur Crusoé,* Henriette Bichonnier, la Martinière Jeunesse, 2000.

PAPIER À BASE DE FIBRES CERTIFIÉES

Hatier s'engage pour l'environnement en réduisant l'empreinte carbone de ses livres. Celle de cet exemplaire est de :
150 g éq. CO_2
Rendez-vous sur www.hatier-durable.fr

IMPRIM'VERT
Votre imprimeur agit pour l'environnement

Achevé d'imprimer par l'imprimerie Clerc à Saint-Amand-Montrond - France
Dépôt légal : 99924-6/ 07 - avril 2022